CONDUITE

DE LA FRANCE

ENVERS

LA TURQUIE

PAR

SCIPION MARIN,

Auteur de la *Solution de la Question Orientale*,
et de *Événements et Aventures en Égypte en 1839*.

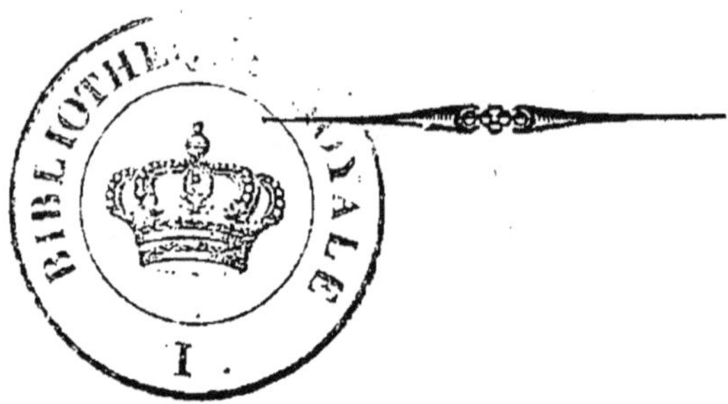

PARIS.

GRIMBERT ET DOREZ, LIBRAIRES,
Rue des Grands-Augustins, 20.

1840

IMPRIMERIE D'A. RENÉ ET CIE,
Rue de Seine, 32.

CONDUITE

DE LA FRANCE

ENVERS

LA TURQUIE.

Il est de ces choses passées dans les faits accomplis, et parconséquent acquises à l'évidence, sur lesquelles la discussion n'est pas possible.

En voici quelques-unes :

Sous Soliman Ier, surnommé *le magnanime, le généreux*, l'empire ottoman atteignit à l'apogée de sa grandeur; la Hongrie, l'Arabie, Alger, Bagdad, formaient les limites de cet empire qui enclavait aux deux tiers la Méditerranée. Hariadan Barberousse, puis Dragut, conduisaient ses escadres, partout victorieuses. La supériorité militaire des Turcs était généralement reconnue sur terre et sur mer.

Et dans ce même temps la France, il faut l'avouer, gémissait sous le poids de ses désastres. La bataille de Pavie perdue, son roi prisonnier à Madrid; un traître, le connétable de Bourbon, mettait la Provence en feu; les Impériaux se précipitaient sur la Champagne. Tout paraissait perdu en France, fors l'honneur.

Charles-Quint proposa à Soliman le partage du monde, lui abandonnant l'Asie et se réservant l'Europe à lui-même. François Ier fit partir pour Constantinople le comte Jean de la Forest; Soliman, au lieu de céder aux propositions de l'empereur, accepta l'alliance française; il nous concéda de nombreux avantages commerciaux par le traité de 1535, nommé *capitulations*; il épousa Roxelane, une Française, et pendant longtemps nos négociants seuls purent commercer en Turquie où toutes sortes d'avantages nous furent accordés exclusivement. Charles-Quint se vengea de cet échec par une épigramme en bronze. On peut voir, à la Bibliothèque du Roi, la médaille qu'il fit frapper à l'occasion de l'alliance franco-turque, dans laquelle il mit le diable en tiers.

Si Soliman avait accueilli la proposition du monarque espagnol, si les deux puissants empereurs s'étaient ligués, je ne sais ce qu'il serait advenu de la France.

Trois cents ans sont passés là-dessus. En 1840,

tout est bien changé! c'est la France qui est puissante, et la Turquie humiliée ; la Turquie a eu à Nézib sa bataille de Pavie, son traître, son connétable de Bourbon, en Achmet-Fevzi, capitan-pacha ; son sultan mort, un enfant sur le trône chancelant. Sans doute la France n'oubliera pas son ancienne alliée ; la France sera reconnaissante, elle sera magnanime comme Soliman.

Pas du tout, la France s'allie avec le pacha d'Egypte. Cela est fâcheux, mais cela est hors de contestation ; cela est dans la catégorie des faits accomplis dont je parlais tantôt.

Vous me direz : Dans trois siècles les idées progressent, les tendances nationales se modifient ; la France a marché dans le sens des améliorations libérales ; la France enfin de 89 et de 1830 n'est plus la France de François Ier. Les principes civilisateurs et démocratiques, fruits de ses révolutions, lui ont donné d'autres besoins, d'autres sympathies, de nouvelles affections politiques, des idées en harmonie avec ses progrès.

Il est vrai, la France, grâces à ses deux révolutions, a mis au rang de ses devoirs le respect de la vie des hommes, celui de la propriété. La liberté individuelle, la liberté de la presse, la liberté des industries, du commerce ; elle a établi tout cela sur la ruine des priviléges et des monopoles.

Et c'est donc pour faire honneur à ces principes que la France de Juillet adopte et protége le très doux régime de Méhémet-Ali, dont nous allons donner un léger aperçu.

La France a aboli la traite des nègres; elle envoie des vaisseaux dans les eaux du Congo, de Guinée, pour empêcher ce trafic odieux, mais elle arme des escadres en même temps pour maintenir en Egypte un satrape, le plus grand marchand de chair blanche et noire, pour protéger un système gouvernemental qui a réduit les fellahs à un état si déplorable que le régime colonial est une véritable béatitude terrestre en comparaison.

La France a proclamé à tout jamais l'abolition des priviléges, des monopoles, et elle brûle d'amour pour un tyranneau qui a tout monopolisé dans ses Etats, les fèves, les lentilles, jusqu'à la graine de laitue, jusqu'aux feuilles de roses.

La France a mis dans ses principes invariables le respect de la propriété, et elle étend son bras protecteur sur un voleur qui, sous prétexte de vérifier les titres des propriétaires en Egypte, se fit remettre tous les contrats, les brûla et s'écria : L'Egypte est à moi, par le droit du plus fort!

La France est fière du jury, qui assure à chacun

sa vie et son salut, et la France étreint tendrement dans ses bras celui qui convoque traîtreusement les Mamelouks pour honorer l'investiture du cafetan de son fils, les accueille, rompt avec eux le pain de l'hospitalité, et les fait fusiller jusqu'au dernier par ses Albanais, dans les détours de sa citadelle fermée sur eux.

La France de 89 a aboli la féodalité, la France de 1830 a expulsé la branche aînée comme soupçonnée de quelques tendances rétrogrades vers l'ancien régime, et cette même France sent la plus vive tendresse pour Méhémet-Ali, qui a établi, à la honte du XIXe siècle, la plus dégradante féodalité dans ses Etats, qui à son gré se joue de la vie des hommes, les déporte, les fait travailler à la chaîne, les fait mourir sous le courbasch, les jette dans le Nil, les dépouille jusqu'au dernier para, leur enlève les récoltes fruits de leurs sueurs, les nourrit avec un pain fait de graine de lin, de graine de coton et d'un peu de fèves, ce qui, compliqué de peste, de conscription et de choléra quelquefois, a réduit la population de l'Egypte, en peu d'années, de 2,400,000 sujets à 1,800,000.

Nous ne croyions pas que pour de telles sympathies, si bien assorties, la France dût oublier une alliance de trois cents ans avec le Grand-

Seigneur, et que pour cela elle eût attendu le moment précis où le sultan a proclamé une charte, fille de celle de 1830, autant que le permettent les différences de mœurs et de précédents, une charte dont l'exécution est prouvée par la mise en jugement des pachas prévaricateurs.

Vous me répondrez : Les grandes choses ne s'accomplissent pas sans de grands efforts ; les plus brillants règnes de la France, celui de Louis XIV et celui de Napoléon, n'ont pas manqué de despotisme, comme l'on sait. Il est tout naturel, il est admissible que le grand homme des bords du Nil n'accomplisse ses grands desseins qu'avec une verge de fer.

La France éclairée, grande, connaisseuse en grands hommes, puisque elle en a étudié un de nos jours, ne devrait pas facilement prodiguer le titre de grand homme. Elle a vu jouer ce rôle par son empereur, elle l'a analysé, suivi, applaudi, elle devrait donc être un peu difficile.

Méhémet-Ali a-t-il fait acte de génie depuis trente ans qu'il gouverne l'Egypte ? Quiconque l'a vu, l'a étudié, ne trouve en lui qu'un Tartare sottement épris des dehors belliqueux, napoléoniens, des puissances de l'Europe. Il croit que la civilisation consiste à mettre sur pied de grandes armées, n'importe par quels moyens et avec quelles ressources, et à lancer des escadres sans même avoir des ports, des bois de construction.

Jumel, un Français, ayant, en 1827, trou é dans le jardin du scheyk Maho, au Caire, un cotonnier aux produits longs et soyeux, en proposa des plantations en grand qui réussirent. Dès lors le pacha en fit couvrir l'Egypte. En 1829, l'inondation ayant été miraculeusement belle et la récolte ayant réussi merveilleusement bien, les revenus du pays dépassèrent 400,000 bourses; voilà Méhémet qui, en imprudent et sans réfléchir qu'il y avait du hasard dans cette triple augmentation du revenu territorial, se met à armer des troupes, à construire des escadres sur le pied de ces rentrées fiscales. Mais cette miraculeuse récolte ne s'est plus renouvelée: au lieu de 200,000 balles de coton, il n'en a plus recueilli que la moitié; cette année même, elle est restée à 60,000 balles.

A mesure que le pacha s'aperçut de son mécompte, il eût dû réduire le budget de ses dépenses; la tête la plus simplement organisée, le dernier bourgeois eût fait cela. Non, Méhémet-Ali ne voulut pas reculer. S'il avait permis la moindre observation à ses prétendus conseils généraux, à toutes ces momeries d'organisation européenne, on n'eût pas manqué de lui montrer l'abîme au bout; mais cela ne s'est jamais vu. Boghos-Bey a été obligé de recourir à tous les expédients possibles pour alimenter le budget; il a tout imposé. Enfin, quand il a eu tout retiré le numéraire, quand il a eu mis le fellah dans l'impossibilité d'acheter même un morceau de linge pour couvrir la nudité de sa femme, de ses filles, la banqueroute s'est présentée, hideuse et pressante. Le pacha n'a plus payé personne.

Pour former ces grandes armées qu'il aime tant, a-t-il calculé les ressources, la population de ses Etats? Nous l'avons dit dans une précédente publication, l'Egypte avec ses 1,800,000 âmes ne représente que deux de nos départements, le département du Nord et celui du Pas-de-Calais. Or, quel est l'insensé qui, avec un état de la force de ces deux départements, voudra armer 200,000 hommes (Clot-Bey nous assure qu'il en a actellement 270,000), quel est l'insensé qui avec ces ressources songera à bâtir des escadres? Ce n'est pas parmi les grands hommes qu'il faudrait le placer, mais aux Petites-Maisons.

On nous dira que l'Égypte est un pays extrêmement fertile. Et c'est justement pour cela qu'un grand génie eût songé à la tenir dans sa spécialité;

qu'il eût organisé, constitué un régime tout agricole. En faisant dévier l'Égypte de sa destination, en faisant ce pays marin et militaire, il l'a dépeuplé de bras, les canaux se sont engorgés, les inondations ne vont plus au lointain porter la fertilité, le désert s'est approché du fleuve, les récoltes ont diminué. Il a entassé ses paysans, à force de violences, dans ses vaisseaux, comme si une marine lui était possible. La marine égyptienne est un déplorable rêve dont la première guerre sera le reveil.

J'ai dit dans un précédent ouvrage comment le port d'Alexandrie n'est un port que durant la paix; mais qu'avec les difficultés de ses passes jamais le pacha ne pourra songer à faire une guerre maritime. Il y a plus, c'est que ses vaisseaux ne tiennent la mer qu'avec peine et à grand renfort de pompes. Faits avec du bois vert, durant le siége d'Acre, le roulis et le tangage font jouer les fentes, les fissures, quand ils gagnent la haute mer. M. de Cerisy, son constructeur, eut maintes altercations avec le pacha, ne voulant pas construire de cette manière, ne voulant pas construire, lui disait-il, *à la turque*. Mais enfin ces vaisseaux ont été faits. Or nous conseillons à nos ministres, dans leurs déterminations politiques, de ne pas trop

compter sur la coopération de l'escadre égyptienne.

Un autre bévue du pacha a été encore de dé-
tourner l'Égypte de sa spécialité agricole pour la
faire manufacturière. Il y a deux obstacles insur-
montables, le kamsim et la rosée. Le vent *kamsim*,
ainsi appelé parcequ'il dure cinquante jours, vient
des déserts lybiques ; il mêle à l'atmosphère de
toute la vallée une poussière fine, impalpable,
qui engorge tous les engrenages des métiers, et les
met hors de service. Si le kamsim ne souffle pas,
autre inconvénient : il y a dans ce pays cette terri-
ble rosée qui donne l'ophthalmie, qui du soir au
lendemain rougit tout de rouille, même dans les
maisons les mieux fermées. Les métiers, les roua-
ges, sont continuellement dans l'impossibilité de
fonctionner. De guerre lasse, Méhémet-Ali a re-
noncé à sa manie industrielle.

Si Méhémet-Ali avait eu quelque chose de la
rectitude des idées d'Osiris, de Mahomet, de
Moïse, des organisateurs de nations enfin ; s'il
avait eu une étincelle de génie, il eût étendu des
regards profonds et penseurs sur le pays qu'il
voulait organiser ; il eût amélioré le sort de ses
sujets, leur eût bâti des maisons habitables au lieu
de ces cabanes de boue, foyers de peste ; il eût

construit des ponts, frayé des routes, élevé des chaussées, creusé des canaux, nettoyé les anciens. Il se fût dit que lors de la conquête de Sélim l'Égypte avait quatre mille fedans de terre arrosable; il se fût piqué d'une noble émulation en n'en voyant qu'à peu près deux mille de cultivés aujourd'hui; il eût songé à faire des conquêtes sur le désert, au lieu d'aller soumettre la Syrie, que, sous aucune de ses dynasties, à partir des Pharaons, l'Égypte n'a pu garder. Il eût répandu l'instruction, relevé le moral du peuple, au lieu de l'abrutir à grand renfort de coups de bâton; il lui eût enfin inculqué un esprit national. Rien de tout cela; il y a eu quelques tentatives d'organisation, mais qui n'existent que sur le papier, et qui de loin émerveillent le béotisme parisien.

Nous avons prouvé que la France ne peut légitimer sous aucun prétexte sa monstrueuse alliance avec Méhémet-Ali, l'alliance de la France de Juillet avec un dégradant despotisme, qui est l'excès de tous les abus contre lesquels elle s'est armée en 89 et en 1830, qui est le superlatif de tout ce qui a excité la verve indignée de la presse libérale. Nous avons prouvé que la France n'a pas même l'excuse du génie de Méhémet-Ali pour violer une alliance de trois siècles avec l'empire de Soliman.

Elle nous répondra que c'est une question toute enropéenne malheureusement portée dans l'O-rient; que c'est l'Angleterre, son éternelle rivale, l'Angleterre envahissante, qu'elle voit dans la question orientale, et non Méhémet-Ali. L'Angle-terre convoite l'Égypte comme la Russie Constan-tinople.

A merveille! et comme la guerre peut seule leur livrer ces possessions, vous tenez beaucoup à faire cette guerre, non pas pour le pacha d'Égypte, mais sous prétexte du pacha d'Égypte !

Tout cela est admirable. L'année 1840 est vrai-ment une année extraordinaire.

Si la guerre a lieu, pouvons-nous soutenir l'É-gypte? La force de la France est grande, mais elle est toute révolutionnaire; c'est donc sur le Rhin, sur l'Adige qu'elle fera explosion. Quant à notre marine, elle aura les côtes de la Vendée à proté-ger, et surtout le littoral de l'Algérie.

L'Égypte, ou nous la laisserons à elle-même, ou nous la secourrons. Si nous la laissons à elle-même, elle est perdue, sa marine est perdue ; tous ces milliers d'hommes immatriculés pour la garde des côtes, ces gardes nationales, si formidables en additions dans les pages de Clot-Bey, se sauveront devant des agresseurs qu'il n'est pas nécessaire d'armer de fusils, mais de courbasches. Sur quoi se fonderait Méhémet-Ali pour compter sur l'affection des fellahs ?

Si nous allons au secours de l'Égypte, alors c'en est fait à tout jamais de l'enthousiasme français pour Méhémet-Ali ; dix-huit, vingt mille hommes ne voient pas de leurs yeux sans faire parvenir leur désenchantement à la mère-patrie. Le violent enthousiasme pour les Grecs ne tomba-t-il pas à plat quand nous envoyâmes une armée en Morée ?

Que doit donc faire la France, qui s'est mise en avant ? Sans doute il s'agit ici d'une question de point d'honneur. La France doit dire : J'ai juré l'intégrité de l'empire ottoman dans le discours de la couronne, et je la maintiendrai.

Les quatre puissances signataires veulent arranger les affaires orientales : je m'abstiens ; mais la mèche allumée à la main. La première qui, soit sur le Bosphore, soit en Syrie, prendra un pouce de terrain sous quelque prétexte que ce soit, me verra courir au secours du sultan indignement joué, avec mes flottes et mes armées.

BIBLIOTHEQUE ROYALE
I